LES CATHOLIQUES ESPAGNOLS

ET LA GUERRE

N° 44

"Pages actuelles"
1914-1915

Les Catholiques espagnols et la Guerre

par

MAURICE DE SORGUES

BLOUD et GAY, Éditeurs

7, Place Saint-Sulpice, PARIS

"Pages actuelles"
1914-1915

Les Catholiques espagnols et la Guerre

par

MAURICE DE SORGUES

PARIS
BLOUD et GAY, Éditeurs
7, Place Saint-Sulpice, 7
1915

LES CATHOLIQUES ESPAGNOLS ET LA GUERRE

I

Voici revenus les temps, qu'on croyait abolis, où Luther exhalait sa haine et sa rage contre les docteurs catholiques de Louvain (*) et les traitait de « vraies bêtes, épicuriens et pourceaux ».

Les temps où Luther écrivait une lettre d'insultes au roi d'Angleterre (*), protestant aussi mais qui commettait le « crime » d'avoir une opinion différente de la sienne sur « la captivité de Babylone ».

Voici revenus les temps où les principes luthériens d'anarchie intérieure déchaînaient dans l'Europe centrale un ouragan de folie rouge et de sadisme et abaissaient l'Allemand à un niveau au-dessous de celui de la bête.

Les temps où Luther lui-même, effrayé des conséquences de la rupture avec Rome, s'indignait « contre les paysans meurtriers et pil-

---

Le signe (*) renvoie aux notes à la fin du volume.

lards » ses compatriotes, puis, se retournant contre les seigneurs allemands qui ne valaient pas mieux, écrivait :

« On dit que les seigneurs abusent du glaive et qu'ils égorgent à leur tour. A ces chiens sanguinaires, il importe peu de frapper l'innocent avec le coupable; ils portent l'épée pour assouvir leurs passions. Oh! les brutes immondes pires que les loups et les tigres! ».

Les temps où Luther avait raison de dire de son peuple : « Il n'y a pas de nation plus méprisable que les Allemands ».

Voici revenus les temps où Hermann prêchait « le massacre de tous les prêtres et magistrats ».

Les temps où Mathias Harlem partait de Munster, qu'il appelait « la montagne de Sion », pour soumettre, disait-il, « toutes les nations de la terre à son pouvoir ».

Les temps où le même Harlem, à la tête d'une bande féroce, brûlait les églises et forçait les habitants paisibles à apporter à ses pieds leur or, leur argent et leurs bijoux.

Car les principes de Luther, de Harlem et de Hermann, aggravés par ceux de Kant et de Fichte, gouvernent l'armée et le peuple allemands contemporains; ils dictent leurs actes dans la guerre actuelle.

On a dit que c'est une guerre économique, une lutte pour l'hégémonie industrielle et commerciale, une guerre que la France n'a pas cherchée, mais qui lui vaudra la reconquête de ses provinces perdues. Mais c'est aussi — c'est peut-être surtout — une guerre de religion. Les Allemands ont voulu cela, au XXᵉ siècle; ils l'ont voulu et s'en sont vantés.

Nous avons là-dessus leur propres aveux. Prenons-en un parmi une centaine, celui du pasteur Johannès Muller, l'un des écrivains protestants les plus populaires d'Allemagne : « Par beaucoup, en Allemagne et hors d'Allemagne, lisait-on naguère dans *la Semaine littéraire de Genève*, Johannès Muller est considéré comme un esprit affranchi, un conducteur d'âmes, une volonté et une conscience ». Consultée par un disciple qui lui avouait que la guerre telle que la faisait l'Allemagne « le troublait profondément », cette conscience répond; elle emploie contre les martyrs catholiques belges des termes que ne désavouerait pas Luther; elle excuse les atrocités allemandes, et conclut ainsi :

« Cette guerre me fait, moi aussi, prodigieusement souffrir, au point de me rendre mélancolique. Mais, d'un autre côté, *je suis content que cela soit arrivé*. Car je vois toujours dans cette guerre une nécessité pour le développement de ia culture, et j'ATTENDS D'ELLE UN PAS EN AVANT POUR LA VENUE DU RÈGNE DE DIEU ».

De quel Dieu?

Demandez-le aux soldats qui, d'après des témoignages irréfutables, ont massacré des religieuses et des prêtres, lesquels représentaient, selon l'aveu de leurs bourreaux, « la plus grande force morale du pays »; demandez-le à ceux qui ont martyrisé un de ces prêtres, un vieillard, en lui offrant la vie sauve s'il voulait abjurer le catholicisme.

Demandez-le surtout à leur maître Guillaume II qui, bien avant la guerre, avait dit et écrit que « la destruction de l'Église romaine est le but suprême de sa vie (1) ».

Il disait à ses soldats :

« Le Très-Haut sera avec Guillaume.

« Rappelez-vous que vous êtes le peuple élu ! L'Esprit du Seigneur est descendu sur moi parce que je suis l'Empereur allemand.

« Malédiction et mort à ceux qui résistent à ma volonté ! Malédiction et mort à ceux qui ne croient pas en ma mission ! Malédiction et mort aux lâches !

---

(1) Lettre à la landgravine de Hesse.

« Que les ennemis du peuple allemand périssent ! Dieu demande leur destruction. Dieu, par ma bouche, vous ordonne d'exécuter ma volonté » (1).

Jamais un prince français, jamais un autre prince chrétien n'ont prononcé de pareilles paroles. C'est, presque mot pour mot, ce que vociféraient au xvi⁰ siècle, en Allemagne, les mystiques détachés de la raison (*) et de la discipline catholique, les anarchistes névropathes et sanguinaires.

Les officiers, les poètes, les philosophes, les savants, les maîtres d'école qui avaient l'ordre de préparer le triomphe de Luther, de Fichte et de Krupp se chargeaient de répéter et de commenter les paroles impériales. Guillaume et ses domestiques avaient, d'ailleurs, des précurseurs, des modèles dont on répandait les pamphlets à profusion, tel Gorres qui écrivait dans *le Mercure de Souabe* un siècle exactement avant les événements de septembre dernier :

« *Réduisez en cendres cette basilique de Reims où fut sacré Clodovig*, où prit naissance cet empire des Francs, faux frères des Germains, *incendiez cette cathédrale !* ».

---

(1) Extrait de plusieurs discours du kaiser.

Ces excitations ont produit l'effet que Guillaume II, ce Mathias Harlem moderne, en attendait. Elles l'ont produit d'autant plus facilement qu'il n'a cessé de les continuer après la déclaration de guerre et de placer son armée et ses crimes sous la protection d'un personnage qu'il nomme « mon vieux Dieu ».

En voyant le résultat de ses prédications, en constatant les crimes commis à Louvain, à Reims et en tant d'autres lieux contre les hommes, contre la civilisation et contre Dieu lui-même, toutes les âmes sincères seront convaincues que ce personnage n'est ni le Dieu des catholiques, ni celui des protestants, mais une idole mythologique sortie des forêts de la vieille Germanie, où elle naquit des instincts terrorisés d'une peuplade de barbares.

Il excite aussi ses soldats au nom du grand ancêtre que, dans une récente proclamation, il appelle « mon ami Luther ». Quelque jour, il s'identifiera au père de la Réforme, il se proclamera le Luther des temps nouveaux. Et il aura raison.

« Ce qui me choque le plus dans Luther, dit Erasme en une de ses lettres à Mélanchthon, c'est que tout ce qu'il entreprend de soutenir, il le pousse à l'extrémité et jusqu'à l'excès. Averti de ses excès, loin de s'adoucir, il pousse encore plus avant et semble n'avoir d'autre dessein que de passer à des excès encore plus grands ».

Et cela choque aussi dans Guillaume II.

Est-ce de Luther ou de l'empereur allemand qu'il s'agit dans les lignes suivantes :

« Cet homme qui a la singulière idée de s'appeler *Notharius Dei* divague, il a perdu à moitié le jugement. Et ce n'est pas étonnant, car il a soufflé et avec son souffle s'est déclaré un terrible incendie. C'est qu'il y avait là un magasin de poudres et son souffle en a approché une étincelle; et l'insensé qui, dans son aveuglement, ne l'a pas vue, dit en son délire : je suis tout puissant; voyez, mon souffle embrase, IL MET LE MONDE EN CONFLAGRATION! (1) ».

Cela fut écrit, il y a trois quarts de siècle, par le plus grand des théologiens et des philosophes de l'Espagne moderne. Ce que Balmes écrivait de Luther et de la conflagration du seizième siècle s'applique exactement à Guillaume II et à la conflagration actuelle. Cette dernière est, comme l'autre, et par la volonté prussienne, une guerre de religion.

Un gros livre allemand qui vient de paraître est intitulé *Unser heiliger Krieg*. (Notre guerre sainte).

------

(1) BALMES : *Le Protestantisme comparé au catholicisme*, chapitre XI.

Also sprach Mathias Harlem : ainsi parlaient les anabaptistes pour s'exciter au massacre des autres chrétiens.

C'est pourquoi les anabaptistes modernes devraient provoquer contre eux l'union de tous ceux qui participent à la civilisation européenne et universelle. Tous se trouvent en présence d'une menace formidable de régression vers la barbarie intellectuelle et morale, vers le plus sombre des fanatismes religieux ; tous, les catholiques comme les sceptiques et les athées, les conservateurs et les révolutionnaires, les orthodoxes grecs et russes, et même les protestants des pays non germaniques.

II

Pour les dernières lignes qui précèdent, nous avons répondu sommairement à une objection déjà faite à d'autres qui, avant nous, ont signalé le caractère religieux de la conflagration euro-péenne.

Les Anglais protestants, dit-on, combattent aux côtés des Français et des Belges catholiques ; les Allemands protestants ont pour alliés les Autrichiens catholiques. Enfin, il y a, en France, une minorité de protestants qui ne sont ni moins Français ni moins patriotes que la majorité. On ne peut donc parler de guerre de religion. Les arguments abondent contre ce raisonnement.

Le grand journal français *le Temps*, qu'on ne peut suspecter de partialité contre les tendances intellectuelles germaniques et qui mériterait plutôt le reproche contraire, publiait récemment un tableau de l'histoire de la civilisation auquel nous empruntons quelques paragraphes :

« Sans doute, le monde moderne n'aurait pas pu surmonter toutes les crises de sa laborieuse adolescence s'il n'eût été soutenu, dans sa lente évolution, par les cadres de l'empire romain. La vie tourmentée du moyen âge est un long effort pour sauver le noble héritage que Rome a transmis aux nouvelles capitales de l'Occident latin, et qu'elle a recueilli elle-même dans les brillantes métropoles de l'hellénisme...

« Malgré des diversités de races que domine une admirable communauté de sentiments et de pensées, toutes les puissances maintenant alliées pour la défense du droit, c'est-à-dire, en définitive, pour le maintien des traditions intellectuelles et morales de Rome et d'Athènes, peuvent prendre leur part de ce témoignage de reconnaissance collective envers les initiateurs de la culture antique.

« ... Les historiens de l'Angleterre nous font voir comment la Grande-Bretagne a reçu, dès le deuxième siècle de l'ère chrétienne, l'influence bienfaisante de la latinité... La logique mystérieuse de l'Histoire a voulu qu'au moment précis où le sort de la nation anglaise allait se décider, prendre parti entre le génie latin et la mentalité germanique, l'arrivée des Normands de France, et aussi des Bretons, des Poitevins du duc de

Normandie, apportât aux habitants de la Grande-Bretagne ce qui était nécessaire à l'achèvement de leur caractère national. Désormais initiés, pour toujours, à des institutions politiques dont la plupart continuent de régir encore leur domaine, ils ont recueilli de la main même des continuateurs d'une tradition séculaire les premiers chefs-d'œuvre d'une littérature écrite en langue romane et déjà inspirée par les grands modèles de l'antiquité. C'est pourquoi l'époque de la Renaissance est la même que pour l'Italie, l'Espagne, le Portugal et la France. Ce développement de la nation anglaise est d'accord avec le progrès de tous les peuples latins. Shakespeare appartient au siècle de Michel-Ange, de Cervantès, du Camoëns, de Ronsard, de Montaigne et de Rabelais. »

Le Temps dit ensuite que « la barbarie germanique est demeurée naturellement réfractaire » à cette Renaissance européenne.

Au seizième siècle l'Angleterre devient protestante, mais la civilisation à laquelle elle participait la mit en garde contre les extravagantes conséquences de la doctrine religieuse allemande. Peu à peu elle devait éliminer le venin luthérien qui l'aurait infailliblement dégradée.

Cela est vrai, à plus forte raison, pour les protestants français, enfants égarés de la Rome impé-

riale et pontificale, mais ses enfants quand même.
Ceux d'aujourd'hui ne peuvent pas faire que leurs
ancêtres qui se convertirent ne fussent des latins
et des Français : ils portaient en eux des siècles
de civilisation, d'ordre, de logique, de clarté, de
politesse et d'honnêteté française. Toutes ces qualités étaient trop enracinées pour ne pas constituer chez eux et leurs descendants un puissant
antidote contre le poison luthérien. Si ce poison a
agi un peu sur ces derniers dans la période kan-
tienne de notre histoire dont nous parlerons plus
loin, le mal n'est pas grand en comparaison de
celui qui a été fait à l'âme allemande. Puissent
les tragiques leçons de l'heure actuelle achever de
briser tous les liens entre Montauban et Berlin !

Pour en revenir à la Grande-Bretagne remar-
quons que, dès le début, il y a une différence
profonde, un abîme entre l'Eglise anglicane et
l'Eglise allemande. L'Angleterre conserva la hié-
rarchie ecclésiastique, l'épiscopat pour le maintien
duquel en Allemagne Mélanchthon avait lutté, car
il prévoyait que si on ne rétablissait pas l'autorité
des évêques, « la discorde serait éternelle et
qu'elle serait suivie de l'ignorance, de la *barbarie*
et de toutes sortes de maux » (1).

---

(1) Livre IV, p. 196.

Mélanchthon insiste maintes fois, mais sans succès, sur cette nécessité : « Il faut tout dire ; Mélanchthon n'était pas beaucoup en peine de rétablir la puissance temporelle des évêques ; ce qu'il voulait rétablir, c'était la police ecclésiastique, la juridiction spirituelle, et en un mot, l'administration épiscopale, parce qu'il voyait que sans elle tout allait en confusion : « Plût à Dieu, plût à Dieu que je pusse « non point confirmer la domination des évêques, « mais en rétablir l'administration, car je vois quelle « Église nous allons avoir si nous renversons la « police ecclésiastique ! Je vois que la tyrannie sera « plus insupportable que jamais. » C'est ce qui arrive toujours quand on secoue le joug de l'autorité légitime. Ceux qui soulèvent les peuples sous prétexte de liberté se font eux-mêmes tyrans ; et si on n'a pas encore assez vu que Luther fut de ce nombre, la suite le fera paraître de manière à ne laisser aucun doute (1). »

Le maintien de l'épiscopat n'est pas le seul point par lequel l'Église d'Angleterre s'est séparée du protestantisme de Luther et de Calvin ; elle a gardé presque tous les dogmes du catholicisme. Elle est plus près de Rome que de Berlin. Le roi Henri VIII, son fondateur, avait bien compris les

______

(1) BOSSUET : *Histoire des variations des Églises protestantes,* liv. V.

dangers que les doctrines allemandes faisaient courir aux mœurs et à l'intelligence de ses peuples, lui qui, après sa rupture avec la papauté comme avant, ne cessa de persécuter les luthériens, les calvinistes et les wiclefistes et les empêcha d'étendre leur lèpre sur toute la Grande-Bretagne.

Il persécuta aussi les catholiques. Mais une fois passées les périodes d'effervescence et d'apostolat, les sentiments de haine s'adoucirent alors qu'ils ne faisaient que s'exalter en Allemagne; et ils ont fini par faire place, de nos jours, non pas à la simple tolérance — car ce mot appelle à l'esprit celui d'erreur — mais au respect. Le catholicisme a cessé de décliner en Angleterre; il est plutôt en progrès.

Au reste, jamais le roi Georges, jamais un de ses ministres, de ses généraux, des professeurs de ses universités n'ont déclaré qu'ils sont contents que la guerre soit arrivée parce qu'ils attendent d'elle « un pas en avant pour la venue du règne de Dieu », jamais ils n'ont excité le fanatisme de leurs soldats au nom du « vieux Dieu », au nom de « l'ami Luther ».

Au contraire! quoiqu'ils aient été peu luthériens dans le passé, les Anglais le sont encore moins aujourd'hui qu'ils voient le fanatisme allemand à l'œuvre. Leur respect pour la puissance éducatrice du catholicisme opposée à la puissance destructrice et anarchiste de la religion allemande en est accru. C'est ainsi qu'on pouvait lire récemment dans un journal protestant anglais paraissant en pays musulman, l'*Egyptian Mail* :

« Que nous nous raillions ou non au catholicisme, le fait n'en demeure pas moins que l'Eglise catholique romaine a un nombre d'adhérents bien plus grand que toutes les autres branches de la chrétienté réunies... *L'Eglise catholique est aujourd'hui la seule et la plus grande puissance éducatrice de l'Egypte, sans excepter le gouvernement lui-même* ».

Pendant que les Anglais, sans renier leur religion, mais en présence de ce fait indéniable : les bienfaits de la civilisation catholique en Orient, s'inclinent devant la papauté et reconnaissent que ses services sont supérieurs à ceux de leur gouvernement, que fait le kaiser dans les pays musulmans?

III

« Parmi les singularités qu'il (Luther) avançait tous les jours, il y en eut une qui étonna tout le monde chrétien. Pendant que l'Allemagne, menacée par les armes formidables du Turc était toute en mouvement pour lui résister, Luther établissait ce principe : *qu'il fallait vouloir non seulement ce que Dieu veut que nous voulions, mais absolument tout ce que Dieu veut;* d'où il concluait que *combattre le Turc, c'était résister à la volonté de Dieu qui nous voulait visiter* (1) ».

Telles sont les conséquences de la doctrine luthérienne appliquée au gouvernement des peuples : elles les conduiraient forcément au suicide. Aucune nation protestante n'a observé sur cette question du fatalisme le credo du père de la Réforme. Luther a été renié par les siens. Tant il est vrai que les anarchistes ne peuvent s'entendre que lorsqu'il s'agit de démolir et que l'histoire du

____

(1) Bossuet : *op, cit;* liv. I.

protestantisme n'est que celle de ses variations et de ses luttes intestines !

Mais en ce qui concerne les Turcs, les Allemands ont fait pire que de suivre le conseil que leur donnait Luther de ne pas les combattre ; ils se sont alliés avec eux, non pas pour une guerre d'intérêts temporels, mais pour une guerre religieuse. Guillaume, au nom de « son vieux Dieu » et de « son ami Luther » s'est proclamé le protecteur de l'islam. Sur ses conseils, sur son ordre, le calife a décrété la « guerre sainte » (*). La guerre simple, celle que la Turquie moderne a faite jusqu'ici à d'autres pays d'Europe, à l'Italie, aux nations balkaniques, ne lui suffisait pas. Il a fallu que le Mathias Harlem du vingtième siècle — ou plutôt Hadji Mohammed Ghilioun, car c'est ainsi qu'on le nomme en pays musulmans, — obtienne des Jeunes Turcs constitutionnels la proclamation solennelle et moyenâgeuse de la « guerre sainte », c'est-à-dire de la guerre de religion ; la guerre non pas à l'État français, à l'État anglais, à l'État russe, mais la guerre à tous les chrétiens en leur qualité d'infidèles, à l'exception des Allemands et des Autrichiens considérés comme fidèles d'Allah, une guerre à laquelle ne doivent pas participer les Turcs seulement mais où l'on appelle tous les musulmans du monde entier. Il ne peut y avoir aucun doute sur ce point. Ce n'est pas le drapeau rouge de l'État ottoman qu'on agite mais l'étendard vert du Prophète et du calife.

Qu'on ne nous objecte point que la Turquie n'a pas déclaré la guerre à l'Espagne, à l'Italie et aux autres pays neutres. Le principe a été posé ; les kurdes sauront en tirer les conséquences. Déjà tous les intérêts catholiques en Orient sont en souffrance, et si le monde musulman tout entier n'a pas pris les armes, ce n'est pas la faute de la propagande allemande et turque.

Si cette trahison allemande qui met le kaiser au ban de la civilisation n'a pas soulevé le dégoût et l'indignation de toute la chrétienté c'est que, vraiment, il y a quelque chose de changé dans le monde ; il y a que l'unité morale de l'Europe est brisée : elle l'est depuis le seizième siècle. Beaucoup d'esprits incroyants ou sceptiques qui s'imaginaient que la Révolution française avait clos l'ère des guerres de religion commencent, à la lumière aveuglante des faits, à comprendre cette vérité. Et ils en sont frappés de stupeur.

Il ne suffisait pas à Guillaume de se poser en champion et protecteur de l'Islam. Ce cabotin sinistre, qui se fait passer auprès des Espagnols pour converti au catholicisme, fait dire en Orient qu'il est musulman (*).

Tous les moyens sont bons pour parvenir à sa fin qui est la destruction du catholicisme ; son peuple, dans le présent comme dans le passé, a toujours pensé comme lui. Gœthe lui-même, le sage et grand Gœthe, ne fait pas exception quand il s'agit d'exciter le fanatisme germanique, Gœthe qui est l'auteur du petit poème suivant :

« C'est la gloire des hommes de la Germanie d'avoir haï le christianisme jusqu'au temps où les braves Saxons succombèrent sous l'épée fatale du seigneur Charles. Ils luttèrent assez long-temps, mais enfin ils furent domptés par la prê-traille et se courbèrent sous le joug ; mais ils remuèrent toujours de temps en temps. Ils n'étaient que dans un demi-sommeil quand Luther traduisit si bien la Bible en allemand. »

Pour Gœthe, la Réforme n'était qu'une transi-tion pour aboutir à l'anéantissement du christia-nisme. L'homme de la guerre sainte, « Sa Majesté islamique Hadji Mohammed Ghilioun » semble avoir repris cette idée. Tous les moyens sont bons pour soulever le fanatisme musulman, tous, même les plus odieux, les plus grotesques. C'est pour-quoi les Turcs ont lu dans leur journal *Terdji-man-I-Afkier*, le 6 décembre :

« Le discours délivré par Sa Majesté islamique Guillaume II, prononcé la semaine dernière, du trône installé dans l'ancienne Chambre du Parlement français, est un document inoubliable de ses exploits. Entouré par les vaincus, il offrit son impériale main à baiser à tous les anciens députés de la Chambre française dont les cœurs étaient touchés par la magnanimité de Sa Majesté islamique. »

C'est pourquoi un autre journal turc, le *Djerideh-I-Sharkeyeh*, a publié cette stupéfiante nouvelle :

« Conformément à une dépêche radiotélégraphique reçue de Belgique au bureau allemand, toute la population du nouveau territoire conquis par les Allemands a prêté serment de fidélité à Sa Majesté islamique. La population belge de toutes classes s'empresse par milliers auprès des fonctionnaires allemands et *se convertit à la vraie foi islamique. Les Belges transforment volontiers leurs églises en temples musulmans. Puissent leurs bons exemples être suivis par les autres infidèles !* »

Comment, en entendant de pareilles nouvelles répétées, amplifiées dans les mosquées, les fanatiques et ignorants musulmans d'Asie Mineure ne croiraient-ils pas que l'islam, rajeuni et fortifié par la conversion de l'Allemagne, s'est levé pour la conquête du monde ?

On a lu, enfin, dans un autre journal turc :

« Le harem de Sa Majesté islamique Guillaume II et les harems de ses officiers d'état-major arriveront à Constantinople au début du printemps. Dix des plus puissants dreadnoughts britanniques capturés escorteront le harem impérial ».

C'est logique. Un prince musulman et ses officiers d'état-major doivent avoir des harems.

En 1540, Philippe, landgrave de Hesse, voulut épouser Marguerite de Saal du vivant de sa première femme, Christine de Saxe, et sans même se séparer de celle-ci. Il demanda une « consultation » à huit docteurs protestants parmi lesquels Luther, Mélanchthon et Bucer. Luther rédigea, signa et fit signer par les autres un document qui est un des monuments les plus monstrueux de l'aberration religieuse. Il conclut à l'autorisation du mariage. On y lit :

« Si Votre Altesse est entièrement résolue d'épouser une seconde femme, nous jugeons qu'Elle doit le faire secrètement... c'est à dire qu'il n'y ait que la personne qu'Elle épousera et peu d'autres fidèles qui le sachent... L'on ne doit point se soucier beaucoup de ce qui s'en dira, *pourvu que la conscience aille bien...* Votre Altesse a donc dans cet écrit non seulement l'approbation de nous tous en cas de nécessité sur ce qu'Elle désire, mais encore les réflexions que nous y avons faites ; nous La prions de les peser en prince vertueux, sage et chrétien, et *nous prions Dieu qu'il conduise tout pour sa gloire et pour le salut de Votre Altesse* ».

Toute la mentalité allemande se trouve dans ce document : l'hypocrisie ; l'anarchie intérieure ; la bassesse ; le vice toléré, encouragé, pourvu que peu de personne en soient témoins ; le sadisme luthérien qui place sous la protection de Dieu les plus honteux des actes ; la déformation, la perversion du sentiment religieux.

Et dire que les huit docteurs qui ont signé cela sont les mêmes qui brisaient l'unité religieuse de l'Europe et mettaient le monde à feu et à sang sous prétexte que quelques évêques vendaient des indulgences !

Mais il y a un autre document qu'il ne faut pas séparer de cette consultation ; c'est le contrat de mariage passé, le 4 mars 1540, par devant Balthazar Rand de Fulde « notaire public impérial ». On y trouve, entre autres considérants :

« Que Son Altesse s'en est expliquée à *beaucoup* de prédicateurs doctes, prudents et chrétiens, et qu'Elle les a là-dessus consultés. Que ces grands personnages, après avoir examiné les motifs qui leur avaient été représentés, *ont con-seillé à Son Altesse de mettre son âme et sa conscience en repos par un double mariage*. Que la même cause et la même nécessité ont obligé la Sérénissime Princesse Christine, duchesse de Saxe, première femme légitime de Son Altesse, par la haute prudence et par la dévotion sincère qui la rendent recommandable, *à consentir de bonne grâce qu'on lui donne une compagne*, afin que l'âme et le corps de *son très cher époux* ne courent plus de risque, et QUE LA GLOIRE DE DIEU EN SOIT AUGMENTÉE, comme le billet écrit de la propre main de cette princesse le témoigne suffisamment. »

Un prince allemand « vertueux, sage et chrétien » bigame avec l'autorisation des fondateurs du protestantisme et de sa « prudente et dévote » épouse afin « que la gloire de Dieu en soit augmentée » !

C'est la même fin qu'on invoque en mutilant les enfants, en violant les femmes, en massacrant les prêtres. Dieu, toujours Dieu ! toujours le même horrible Dieu germanique !

Guillaume II n'a pas besoin de se faire musulman pour avoir le droit de prendre deux ou trois femmes. « Son ami Luther » et sept autres des pères de la Réforme lui donnent ce droit.

Et maintenant, journalistes et orateurs carlistes qui avez applaudi à l'entrée en lice des Turcs, qui n'avez pas cessé ces applaudissements lorsque le calife proclama la guerre sainte, qui préférez l'Orient musulman et l'Allemagne des huit conseillers du landgrave Philippe à « la France incroyante », qui célébrez les vertus et la magnanimité du nouveau Luther, — continuez à affecter de croire et à faire croire aux simples que le kaiser est catholique, continuez à pousser vos prêtres à faire fumer l'encens très pur de vos églises devant « Sa Majesté islamique Hadji Mohammed Ghilioun » ! Votre aveuglement et vos passions seront l'un des plus grands scandales de l'histoire de notre temps !

IV

L'Autriche catholique est alliée de l'Allemagne
protestante. Ce sera, devant les futurs historiens
impartiaux, la honte éternelle de l'empereur
François-Joseph et de ses ministres d'avoir permis
que « l'ami de Luther » fît de cette guerre un
moyen de propagande religieuse. Ils se sont tus,
alors qu'en Allemagne même des catholiques, trou-
vant qu'on allait vraiment trop loin, osaient, au
milieu de la terreur générale, élever quelques
timides réclamations ; un de leurs journaux, le
Koelnische Volkszeitung, s'est plaint de la propagande protestante que des associations évangéli-
ques allemandes font parmi les soldats étrangers
prisonniers.

Mais le *Reichsbote* de Berlin a déclaré que
cette propagande est *un devoir* pour les Allemands, « le peuple de la Réforme », il a demandé
qu'on permît aux pasteurs de visiter les prisonniers et de répandre parmi eux les bibles protestantes traduites en français, en anglais, en polo-
nais et en russe.

Les journaux protestants des pays neutres

rapportent ces faits et d'autres non pour les approuver, mais pour s'en indigner. Car, nous ne saurions trop le répéter, ce serait commettre la pire des injustices que d'envelopper dans la même horreur et la même réprobation les protestants de tous les pays d'Europe. La religion des Suisses et des Hollandais n'est pas celle des Allemands, bien qu'elle ait le même nom et les mêmes rites. D'ailleurs, ils se chargent eux-mêmes de rompre leurs liens de solidarité religieuse avec les hordes du kaiser. Par exemple, le journal protestant suisse *le Semeur vaudois* considère la guerre actuelle *comme une honte pour le protestantisme* puisque c'est l'Allemagne protestante qui martyrise la Belgique innocente et que ni ministres, ni docteurs, ni savants n'ont osé désapprouver ce fait :

« Si quelques robes de pasteurs, ajoute-t-il, droites et fières, de celles qui devaient symboliser, de la part de Dieu, la vérité et l'honneur s'étaient dressées ! Quelle humiliation qui découle sur la famille protestante tout entière ! »

Les protestants suisses trouvent la conduite des Allemands tellement exécrable qu'ils estiment que la guerre sera profitable au catholicisme. Ils admirent la renaissance religieuse française. Citons encore *le Semeur vaudois* :

« La France s'est tournée presque tout entière vers l'Église catholique. N'est-ce pas l'Église de la patrie ? C'est, en tout cas, pour la masse des Français, l'Église des aïeux, l'Église de Jeanne d'Arc, la vierge lorraine, la libératrice du territoire auréolée de son caractère féminin, de son origine, de sa jeunesse, de ses visions surnaturelles, de l'espoir qu'on met en elle comme dans la sainte française de l'avenir. N'a-t-on pas promis solennellement de lui élever un temple magnifique si elle délivrait la France des Allemands ?

« Un écrivain aimé, Pierre Mille, a raconté qu'un protestant français lui avait dit : « Je ne me contente plus des sermons de nos pasteurs ; pour être en communion avec la France, je vais aussi à la messe ». Et Pierre Mille ajoutait que lui-même, quoique désaffecté depuis longtemps, sentait désormais le besoin de communiquer religieusement avec son peuple ».

Comme nous l'avons vu plus haut, le gouvernement anglais n'a pas fait de cette guerre un instrument de propagande religieuse. Il ne cherche pas à anéantir les croyances de ses alliés français comme font les protestants d'Allemagne à l'égard de celles des Austro-Hongrois.

De son côté, le gouvernement français a gardé

en matière de religion une stricte neutralité légale, tout en rendant aux prêtres et aux religieuses héroïques l'hommage qu'ils méritent. Il n'a peut-être pas favorisé, encouragé le magnifique élan de la France vers Dieu ; il ne l'a pas entravé non plus. Ce qui devait arriver est arrivé. L'Esprit a soufflé, sans que de fanatiques névropathes s'arrogeassent le droit de hurler en son nom.

« On communique des Flandres que, parmi les chefs, officiers et soldats protestants anglais qui forment partie de l'armée d'opérations, on observe un mouvement marqué vers le catholicisme ; on les voit fréquenter avec ferveur les temples catholiques. On attribue cela à l'exemple de religion et de soumission des soldats et des officiers français catholiques, spécialement de ceux qui ont un caractère sacerdotal. On dit qu'à la fin de la guerre, il y aura de nombreuses conversions de protestants au catholicisme ».

Cet entrefilet a été publié par le journal carliste et catholique de Barcelone, qui ne cesse d'insulter la France, son peuple et son armée et de vanter les vertus et la piété des Allemands et des Turcs. Et après avoir lu ces lignes dans leur propre journal, les rédacteurs n'ont pas rougi de honte, et ils n'ont pas brisé leurs plumes !

V

« La Grèce vaincue conquit son rude vainqueur et introduisit les arts dans le Latium agreste (1). »

Temps heureux de l'antiquité où la défaite d'un peuple civilisé n'était que le prélude d'un nouveau triomphe de la civilisation !

Temps plus heureux encore des aubes chrétiennes où les barbares victorieux déposaient leurs armes devant la majesté de la Raison catholique et romaine et se faisaient éduquer par les prêtres et les artistes des vaincus ! Temps où une femme faisait baptiser Clovis et les Francs que les Germains devaient traiter de faux frères parce que, dans le sanctuaire de Reims, Dieu les avait élus pour des gestes augustes !

Les Allemands modernes ont changé tout cela avec la complicité plus ou moins consciente des nations civilisées.

L'histoire intellectuelle du dix-neuvième siècle est l'histoire de l'empoisonnement de la pensée

_____

(1) HORACE.

européenne et principalement de la pensée française, par la philosophie allemande issue de Luther. Mais l'influence de la barbarie d'outre-Rhin
se fit surtout sentir à la suite de la guerre
de 1870. Ceux qui nous avaient subjugués sur
les champs de bataille gouvernèrent aussi dans
nos universités. Le conquérant barbare vainquit
une seconde fois le peuple civilisé et lui imposa
le culte de ses professeurs et de ses philosophes.
Kant devint un demi-dieu.

Il a fallu les tragiques leçons des événements
présents pour amener une réaction. Et encore
avons-nous des esprits distingués qui n'ont pas
ouvert complètement les yeux et gardent le si-
lence sur les méfaits du kantisme. Tel M. Boutroux, dans une étude publiée par la *Revue des
Deux Mondes* :

« M. Boutroux, écrit Charles Maurras en un
article qui a été déjà cité (1) mais qu'on ne
saurait trop relire, a négligé de voir ou de dire
l'essentiel : savoir que, depuis le xvie siècle, par
la doctrine du libre examen et de la souveraineté
du sens propre, l'Allemagne, autrefois partici-
pante de la civilisation européenne, a fait schisme,
puis régression, puis un vrai retour à l'état sau-

---

(1) *La Catalogne et les germanophiles*, par Marius ANDRÉ.

vage ; que la science de l'Allemagne, bénéficiant de la vitesse acquise, s'est développée d'une part, mais que sa philosophie théologique et morale a été, d'autre part, en recul constant, car l'individualisme absolu, tel qu'il se dessina chez Kant, dut aboutir à un anarchisme sauvage, l'anarchie de chaque être pouvant faire un dieu de son « moi » ; que cette apothéose du « moi » se tourna, grâce à Fichte, à diviniser le « moi » allemand, la nature de l'Allemagne considérée comme être parfait, type pur, modèle absolu de toute chose, et qu'ainsi toutes les aberrations, toutes les grossièretés, toutes les férocités, naturellement impliquées dans le caractère allemand se trouvèrent monstrueusement accrues et multipliées par le culte systématique officiel, public, que leur faisait accorder la morale en cours. Il n'y eut plus ni vrai, ni faux, ni bien, ni mal, mais seulement allemand et non allemand comme, dans le jargon de la même école, moi et non moi. De là, la conception de « science allemande ». De là, une morale allemande. De là, l'abolition de toute connaissance et de toute vertu qui se flatteraient d'être défavorables ou simplement extérieures à l'Allemagne. De là, une anarchie intérieure très complète et ramenant dans la direction de la sauvagerie, bien que coïncidant avec toutes les ressources matérielles que la civilisation met au service de toutes les nations. »

Les raisons invoquées par Maurras, ajoutait-on, s'imposent avec une telle force — celle de la santé et de la logique — que quelques jours après, en une conférence à Londres, M. Boutroux se décidait à inculper Kant.

Quelques personnages au cerveau encore obscurci consentent à sacrifier Fichte et les philosophes allemands contemporains ; mais ils demandent grâce pour Kant dont ils voudraient continuer à faire l'éducateur de notre jeunesse. Maurras leur a répondu. Les professeurs de l'Institut catholique de Paris leur ont répondu :

« Ils ont eu le courage de dénoncer dans la culture allemande le vice intellectuel qui en explique le dérèglement. Ils ont montré *le lien vivant qui rattache l'Allemagne idéaliste à l'Allemagne brutale*, et comment une philosophie qui semblait inoffensive par l'excès de ses abstractions s'est réalisée, si l'on peut dire, dans cette mentalité sauvage dont le monde civilisé demeure étonné. Ils ont osé touché à Kant et faire peser sur ce funeste génie une lourde part de responsabilité dans la déviation morale dont les savants et les artistes allemands nous ont donné la douloureuse évidence... La démonstration qu'il n'y a pas, qu'il n'y a jamais eu deux Allemagnes l'emporte sur toute considération. Elle est, à cette heure, de salut national.

« Kant, dit le manifeste de l'Institut catholique, n'a-t-il pas posé en principe que chacun doit agir de telle sorte que ses actes puissent être érigés en règle *universelle*, laissant à la conscience *individuelle* le soin de juger si la condition est remplie? Il est impossible de mieux dénoncer le sophisme sur lequel le philosophe de Kœnigsberg appuie sa morale. (1) »

A ceux qu'indignent aujourd'hui les théories de Fichte, mais qui ne désertent point le culte de Kant, Balmes avait déjà répondu, il y a 70 ans:

« Le système de Kant conduit à celui de Fichte. Lorsque quelqu'un pose un principe périlleux, il ne manque jamais un autre assez audacieux pour en tirer toutes les conséquences, quelles qu'elles soient. (2) »

Assez audacieux; disons aussi assez logique.

L'individualisme absolu, l'apothéose du « moi », la divinisation du « moi allemand » déjà impliqués dans le kantisme sont condensés en quelques

______

(1) PAUL BOURGET, dans l'*Écho de Paris*.
(2) *Philosophie fondamentale*, liv. 9, ch. XIX.

phrases lapidaires dans les *Discours à la nation allemande* de Fichte :

« Il faut, dit-il, élever la nation allemande en l'induisant à acquérir conscience de soi-même, c'est-à-dire de sa pure essence germanique afin de réaliser cette essence à l'extérieur, lorsque ce sera possible, et la faire régner sur le monde.

« *L'Allemand est à l'égard de l'étranger ce que le bien est à l'égard du mal.* »

« *Non seulement l'Allemagne est élue par la Providence, mais encore elle est la seule élue.* »

« Cette phrase qui serait monstrueuse si elle n'était ridicule, écrit un conservateur espagnol, s'est convertie en doctrine dans tout l'empire allemand d'aujourd'hui, dont le nouveau Messie, le kaiser Guillaume II, vient sauver l'humanité non avec des paroles de paix et de concorde, comme le Christ, mais par le sang et par le feu, pour mener à bout cette difficile « mission providentielle (1). »

Mieux que dans les chaires de l'université, la lutte contre la philosophie allemande se fait actuellement sur les champs de bataille. Kant et Fichte seront, avec leurs prédécesseurs Luther

____

(1) Alvaro Alcala Galiano : *La verdad sobre la guerra.*

et les anabaptistes, et avec leurs successeurs le kaiser, ses « savants » et ses généraux, les vaincus de cette guerre. Nos soldats façonnent de nouvelles âmes, ils *agissent* de nouvelles pensées qui éclaireront l'intelligence de leurs enfants. Que de témoignages magnifiques de cette action nous avons déjà ! Au hasard de notes prises au jour le jour nous citerons celui qu'a si éloquemment commenté M. le chanoine Collin, de Metz, dans une de ses conférences. Étudiant les ressorts de l'âme française, son amour du sol natal, son esprit de solidarité, sa vaillance et sa confiance, il répète, d'après un combattant, le récit des prouesses d'une brigade française qui *veut* venger ses morts et vaincre :

« Chacune des balles qui touchait l'un de nous, dit le narrateur, exaspérait la brigade tout entière, ainsi que le marteau cognant la cloche fait rendre à tout le métal un son total et infini ; » puis il ajoute cette étrange parole : « *Nous n'étions plus chacun, nous étions tous,* » et alors il montre la ruée formidable vers les bataillons prussiens. Je cite encore mon héros : « Nous ne voulions plus entendre que le terrible grondement de nos six mille bonds, le fracas de nos quarts heurtant les bidons et le souffle rugissant de nos poitrines. » Et il ajoute cette parole plus belle et plus significative encore que la première : « Étais-je moi? Non, j'étais nous! »

« Ah ! messieurs, reprend le chanoine Collin, permettez à mon admiration de répéter ces deux formules : « *Nous n'étions plus chacun, nous étions tous! Étais-je moi? Non, j'étais nous!* » J'indique aux historiens de l'avenir ces deux mots sortis du cœur d'un soldat et des actes de toute une brigade comme l'épitaphe à inscrire sur *le tombeau de l'individualisme* définitivement mort dans notre pays, et j'invite la jeunesse à les prendre à l'avenir comme les mots de passe de la fraternité française. »

VI

L'Espagne aussi, la catholique Espagne, a subi l'influence de la philosophie et de la religion luthériennes. Déjà, vers 1840, Balmes la craignait, la prévoyait, quand il écrivait :

« Il ne serait pas impossible qu'à la faveur de l'un des ébranlements qui fatiguent notre nation malheureuse, on vît s'élever parmi nous des hommes assez aveugles pour tenter d'introduire dans notre pays la religion protestante. Le jour où elle prétendrait au droit de cité, l'opinion nouvelle se présenterait sous un air modeste, sollicitant uniquement le droit d'habitation, au nom de la tolérance et de l'hospitalité; mais bientôt son audace s'accroîtrait, elle réclamerait d'autres droits, et on la verrait disputer le terrain pied à pied à la religion catholique. L'aversion avec laquelle les peuples regarderaient la prétendue réforme serait, qu'on n'en doute pas, accusée de rébellion; les pastorales des évêques, qualifiées de suggestions insidieuses; le zèle de nos prêtres traité de provocations séditieuses. Au milieu des efforts des uns et de la résistance des autres, nous verrions se renouveler plus ou moins les scènes des temps qui ne sont plus. Il ne faut pas oublier que lorsqu'il s'agit de religion, en Espagne, on ne peut compter sur la froideur et l'indifférence que d'autres peuples montreraient de nos jours dans le cas d'un conflit. En Espagne, les sentiments religieux sont encore profonds, vifs, énergiques. Le jour où on les combattrait de front, l'Espagne éprouverait une secousse aussi universelle que rude. Tous les hommes qui sentent battre dans leur poitrine un cœur espagnol doivent se mettre d'accord pour empêcher qu'une main funeste ne jette sur notre sol cette semence de discorde éternelle (1). »

Il écrivait au sujet de la philosophie allemande :

« Heureusement, il y a en Espagne un fonds de bon sens qui ne permettra point que ces *monstrueuses opinions* accueillies si facilement et si bienveillamment dans d'autres pays, s'introduisent et encore moins prennent racine parmi nous. C'est pourquoi il n'est pas à craindre que les erreurs dont je parle causent parmi nous les maux qu'elles ont produits dans d'autres pays. Toutefois, les études philosophiques sont tellement négligées parmi nous, il y a en Espagne un si petit nombre de personnes au niveau actuel de la science, qu'il serait facile, nous le craignons, qu'à

(*Le Protestantisme comparé au Catholicisme*, ch. XII.

l'insu des hommes de saine doctrine et de droite intention, certains novateurs hallucinés *s'emparassent de l'enseignement* et jetassent dans l'erreur la jeunesse crédule (1). »

Le philosophe catholique n'a pas besoin d'insister auprès de son correspondant sceptique pour lui faire comprendre combien est monstrueuse la philosophie allemande :

« J'éprouve un plaisir tout particulier en voyant que votre lettre me dispense, maintenant et pour toujours, de vous parler de la philosophie allemande et de la française qui en est une imitation. Je pressentais bien que *votre esprit naturellement juste, ami de la vérité et ennemi des abstractions,* ne pouvait s'accommoder de ce langage symbolique et de ces pensées fantastiques dont les bons Allemands ont orné la philosophie (2). »

Nous ne saurions trop faire remarquer que c'est à un sceptique que le théologien catalan s'adresse en termes si élogieux. Dans un autre passage il lui dit : « Je n'attendais pas moins de votre clair talent et de votre noble cœur. » De pareilles appréciations ne se trouvent jamais sous sa plume quand il parle des philosophes allemands; les termes qu'il emploie le plus volontiers pour qua-

---

(1) *Lettres à un sceptique,* VIII.
(2) *Op. cit.* lettre XI.

lifier ces derniers sont ceux de *monstruosité, dé-lire, stérilité, extravagance.* « L'esprit natu-rellement juste, porté au vrai » du théologien sympathise avec celui d'un incroyant doué des mêmes qualités et a en horreur les philosophes luthériens qu'il appelle, avec un doux mépris « les bons Allemands » après les avoir traités de monstres.

Que pensent de leur génial compatriote les ré-dacteurs du *Correo Catalan* qui font l'éloge des philosophes allemands et écrivent plusieurs fois par semaine qu'ils préfèrent à la cause de la France « sceptique et incroyante » celle des Alle-mands et des Turcs parce que ceux-ci craignent et servent pieusement *leur* Dieu? Mais, que pen-serait de ces indigences spirituelles le grand Cata-lan de Vich dans sa logique et dans sa foi?

Balmes penserait « qu'à l'insu des hommes de saine doctrine et de droite intention, certains no-vateurs hallucinés » menacent de précipiter le peuple dans l'erreur.

Balmes semble avoir confiance en la santé de la France et préférer pour elle l'athéisme à la reli-gion et à la philosophie de Luther et de Kant :

« Vous vous étonnez avec raison que cette phi-losophie ait pu se répandre en France où les esprits penchent plutôt vers l'extrême opposé,

c'est-à-dire vers un positivisme sensuel et matéria-
liste... Au surplus, si je dois dire franchement ma
pensée, j'estime que *le génie français ne s'ac-
commodera pas bien de la philosophie allemande...* Sans s'arrêter longtemps à discuter et
à subtiliser sur la substance universelle et unique,
il arrivera bientôt à la dernière conséquence qui
est le pur athéisme (1). »

Il lui écrit encore :

« Ainsi donc vous avez pu rectifier ou, pour
mieux dire, rejeter l'opinion que vous vous étiez
formée sur le clergé catholique de France quand
vous vous imaginiez que ses clameurs contre le
venin de certain chef de l'Université étaient des
déclamations fanatiques uniquement inspirées par
l'esprit d'intolérance, et par un acharnement à en-
fermer l'entendement humain dans les limites
prescrites par les prêtres (2). »

Par conséquent, cet homme qui, aux yeux de
Balmes, paraît incarner le scepticisme français et
avec lequel il entretient une correspondance cour-
toise, est assez éloigné du « délire » des « bons
Allemands » pour finir, sous l'empire de la raison, par approuver le clergé français dans sa
lutte contre les doctrines de l'élégant et fade,

____

(1) *Op. cit.*, lettre XI.
(2) *Op. cit.*, lettre X.

mais dangereux, Victor Cousin? Tant il est vrai que le théologien estime la justesse et la propreté d'esprit des vrais sceptiques que quelques-uns de ses compatriotes d'aujourd'hui couvrent d'injures!

A l'époque de Balmes, l'Allemagne était, intellectuellement et économiquement, bien éloignée de l'Espagne; elle n'existait pour ainsi dire pas; sa langue, ses industries étaient presque inconnues; les relations entre les deux pays étaient à peu près nulles. Il craignait que les « monstrueuses opinions » germaniques ne fussent introduites dans son pays par le canal de la littérature française; aussi mettait-il les Espagnols en garde contre la France irréligieuse et libérale et surtout contre quelques spiritualistes français qui traduisaient, commentaient ou délayaient les pauvres choses et les choses dangereuses d'outre-Rhin. Il craignait aussi l'influence de l'Angleterre protestante.

Aujourd'hui, il n'aurait pas les mêmes craintes. Il constaterait que l'Angleterre ne fait pas de prosélytisme protestant, qu'elle se rapproche, au contraire, du catholicisme pour lequel elle professe le plus grand respect. Les lois françaises sur les congrégations et la séparation de l'Église et de l'État auraient indigné son âme d'Espagnol, de prêtre et de théologien. Mais avec quelle joie, par contre, il aurait assisté au renouveau du miracle des grands pèlerinages, qui est presque exclusivement français ! Avec quel enthousiasme il aurait salué, lui qui, malgré tout, admirait le génie français, le mouvement de renaissance catholique française qui a été accéléré par les événements actuels et leur est antérieur !

Mais il aurait frémi devant le péril dont les prétentions allemandes menacent le catholicisme. Quelle série de lettres il aurait écrites aux sceptiques et aux incroyants pour les appeler tous à la défense du patrimoine commun contre les « monstruosités » des « pieux » Allemands mille fois pires que l'athéisme et l'indifférence !

Peu de temps après la guerre de 1870, un enfant espagnol, qui devait devenir un grand écrivain, visita, avec son père, une fabrique espagnole dirigée — déjà ! — par des ingénieurs allemands qui les invitèrent à déjeuner. A la fin du repas, un de ces ingénieurs, qui s'appelait Jacobi, se mit à énumérer avec une orgueilleuse satisfaction tous les produits que son pays fabriquait et exportait dans les autres. Après avoir achevé son énumération, il fit une pause, puis reprit en souriant :

— Nous exportons aussi de la philosophie.

En racontant ce souvenir d'enfance, Palacio Valdès le fait suivre de réflexions qui prouvent qu'il n'a pas très bien compris la réalité, la puissance et le danger de cet article d'exportation. Balmes aurait pleinement compris. Il aurait ardemment souhaité le triomphe de la France qui, si elle est victorieuse, saura interposer entre l'Espagne de sainte Thérèse et l'Allemagne de Luther et de Sa Majesté islamique Guillaume II des barrières de douanes spirituelles difficiles à franchir.

Si des Espagnols germanophiles mettent nos affirmations en doute, nous ne pouvons que les engager à lire les œuvres de Balmes : cette lecture leur réserve des surprises. En parcourant les quatre volumes du *Protestantisme* et les *Lettres à un sceptique*, ils ne s'éloigneront guère de la palpitante actualité. Le Balmes de 1840 est beaucoup plus actuel que certains écrivains contemporains qui font du bruit aujourd'hui et qui seront illisibles demain. Il est plus actuel parce qu'il ne s'écarte pas de la vérité catholique et de la raison; on ne peut en dire autant de cet harmonieux orateur que les carlistes appellent un « prophète » et qui s'est converti au messianisme prussien.

VII

Disons-le très clairement : par la phrase qui précède nous désignons Son Excellence don Juan Vazquez de Mella, député aux Cortès, chef du parti carliste. Sans une autorisation formelle et publique de son maître don Jaime de Bourbon, ancien colonel — non honoraire, comme l'a dit un de ses journaux, mais effectif — de l'armée russe, et colonel qui a été au feu, premier gentilhomme d'Europe puisqu'il est, dans la ligne mâle, le descendant le plus direct de saint Louis et de Louis le Grand, rois de France, sans cette autorisation, disons-nous, il a, grâce à son autorité, à son prestige et à son éloquence, jeté presque tout son parti dans le camp ennemi de celui des Français; il y a jeté aussi un grand nombre de catholiques. Nous ne disons pas : tous les carlistes (*) ; le seul écrivain de talent que compte le parti, don Ramon de Valle Inclan, est un francophile enthousiaste. Nous disons encore moins : tous les catholiques.

4

Le mot d'ordre est parti de son journal *El Correo español* de Madrid et s'est répandu dans toutes les provinces et jusque dans les villages les plus reculés. Alors que des journaux royalistes conservateurs sont franchement francophiles ou observent tout au moins une neutralité plus ou moins bienveillante, les journaux carlistes étalent dans leurs colonnes, à l'égard de la France, des injures qu'ils expriment en un style de bibliques luthériens et de mystiques désordonnés. Par contre, ils ne trouvent pas de louanges assez fortes, et toujours dans le même style protestant, pour la pieuse Allemagne et pour son « grand » empereur. Ils parlent de Guillaume comme d'un héros et d'un saint; ils ont insinué qu'il est converti au catholicisme, mais ils se gardent bien de reproduire le discours sur « l'ami Luther » et les nouvelles de Constantinople relatives à « Sa Majesté islamique Hadji Mohammed Ghilioun ».

Les insinuations des premiers mois se sont vite transformées en affirmations catégoriques. Il ne suffit même plus de dire que le kaiser est catholique; des brochures, des pamphlets répandus à profusion apprennent aux Espagnols que l'empereur d'Allemagne est le meilleur des défenseurs de leur sacro-sainte religion et *un des plus grands* *souverains catholiques du monde* (*). Dans les mêmes papiers la France est traitée de nation païenne. Les curés de villages et même de villes qui lisent ces articles et ces opuscules depuis près de huit mois ont fini par être persuadés, de bonne foi, que la victoire allemande amènerait dans l'Europe entière le triomphe du catholicisme qui n'aurait plus à craindre les menaces du paganisme français.

Pour l'honneur de son parti. pour son propre honneur, le « chevaleresque » Vazquez de Mella aurait dû élever la voix et protester contre ces immondes mensonges dont on fait remonter l'origine jusqu'à son entourage sinon jusqu'à lui-même. Mensonges d'autant plus blâmables qu'ils finissent par faire passer pour le plus grand des défenseurs du catholicisme un prince luthérien qui a martyrisé un peuple de catholiques et l'a privé d'une partie de son clergé. Mensonges d'autant plus dangereux qu'ils sont accompagnés d'autres actes de propagande germanophile qui tendent à corrompre l'esprit des croyants espagnols. Dans les journaux carlistes on lit couramment des éloges dithyrambiques de tout ce qui est allemand ; on y a même lu des éloges à peine atténués de la philosophie allemande et de ce que Balmes appelait les « monstrueuses opinions »

germaniques. On a déjà eu l'occasion, en s'adres-
sant aux carlistes catalans, de leur dire qu'ils
versent du poison dans les âmes de leurs dévots
lecteurs et que ceux-ci seraient moins en péril
s'ils lisaient des journaux anticléricaux.

Un des plus grands méfaits des « penseurs »
de l'Allemagne est l'anarchie qu'ils ont introduite
dans les idées. Mais que cette anarchie luthérienne produisît des ravages dans la catholique
Espagne, dans le pays des grands théologiens et
des mystiques disciplinés, voilà un scandale inat-
tendu ! Presque tout le poids en pèsera sur la
conscience de Vazquez de Mella qui continue à
tolérer que ses fidèles tiennent un langage sacrilège en parlant de l'empereur luthérien fanatique
comme d'un saint Louis. Seule, la victoire définitive et complète de la France peut empêcher l'orateur carliste aveuglé d'être traité par la postérité
catholique comme un des plus grands corrupteurs
de l'esprit de sa nation.

D'autres Espagnols sont aussi germanophiles
que lui ; mais, plus logiques et plus clairvoyants,
ils le sont pour des motifs opposés. Un journal
socialiste anticlérical de Barcelone a publié une
série d'articles d'un de ses coreligionnaires « dévot passionné de l'Allemagne » comme les carlistes, mais d'une autre manière. Ce fanatique pro

teste « contre les viles calomnies lancées contre
le peuple qui, le premier, répandit dans l'Europe
entière l'idée, le fait et même les paroles de libre
pensée et de liberté de conscience, contre le peuple
qui se glorifie d'avoir engendré Luther et Kant ».
Pour lui, l'Allemagne est « un peuple de géants »
qui « consacre toute sa vie au perfectionnement
de la race humaine; » son impérialisme est « légitime ». Il dit aussi que « l'histoire de l'Allemagne
est l'histoire même de la liberté non en ses mani-
festations externes et matérielles, mais en sa racine
cine spirituelle, par conséquent en son aspect le
plus fécond, le plus humain, le plus universel ».
Qu'on ne lui parle pas de la Révolution française
qui est bien peu de chose en comparaison de la
révolution commencée par Luther et qui dure
encore!

Combien il a raison, cet anabaptiste espagnol!
Je ne puis comprendre qu'un carliste puisse le lire
sans trouble et sans remords.

Pour lui la Révolution française a manqué d'ef-
ficacité et fut sans doute trop généreuse. Il y avait
en elle quelque chose d'universel, non dans le
sens allemand, mais dans le vrai et unique sens,
c'est-à-dire de *catholique*. Oh! ne vous scanda-
lisez pas, don Juan! vous n'en avez plus le droit,
et nous connaissons la valeur étymologique des

mots. Les révolutionnaires français avaient pour but la liberté de tous les peuples. Étaient-ils égarés, se trompaient-ils dans leurs intentions, leur but et leurs moyens? Ont-ils commis des atrocités? Ce n'est pas de cela qu'il s'agit en ce moment. Les pires de leurs égarements sont, d'ailleurs, des fautes vénielles à côté de la sauvagerie anabaptiste et luthérienne qui, en plein vingtième siècle, menace de nouveau le monde.

Aussi, l'action de ces révolutionnaires français contre la religion catholique est bien petite de conséquences en comparaison de celle de l'Allemagne luthérienne qui, elle, n'a jamais eu en vue l'humanité, l'universalité, le bien de la civilisation puisque, de son propre aveu, elle travaille à asservir le monde à une secte, puisque, d'après son plus grand prophète après Luther, « l'Allemand est à l'égard de l'étranger ce que le bien est à l'égard du mal ». Le but de toute religion, de toute société humaine organisée étant le triomphe du bien et l'anéantissement du mal, il est bon, il est juste que tout ce qui n'est pas luthérien allemand soit anéanti ou subjugué. C'est nécessaire pour la gloire du Dieu luthérien car, selon le même prophète, l'Allemagne est la seule élue de la Providence.

Telles sont les hérésies, telle est la monstrueuse

doctrine que don Juan Vazquez de Mella, Espagnol, traditionnaliste, catholique, défend explici-
tement ou implicitement dans l'espoir enfantin
que l'Allemagne victorieuse fera cadeau à l'Espagne de Gibraltar, de tout le Maroc, de quelques
autres dépouilles de la France et de l'Angleterre
et l'élèvera au rang de grande Puissance.

Si un grand nombre de catholiques espagnols
l'ont suivi, si l'abominable propagande que font
ses journaux a convaincu tant de naïfs, serait-il
vrai que nous sommes encore au temps où Balmes
regrettait que les études philosophiques fussent
tellement négligées? Ne nous y trompons pas : le
nombre des responsables est excessivement res-
treint; ils n'en sont que plus coupables. La masse
des catholiques espagnols est victime du men-
songe. Quand un curé, après avoir lu un pamphlet
de quelque disciple de Vazquez de Mella, assure
aux paysans de son village que Guillaume II est
un dévot catholique qui fait la guerre aux païens
pour le triomphe de la religion, aucun d'eux ne
peut concevoir le moindre doute. Quand ce curé,
toujours de bonne foi puisque c'est de la part de
Vazquez de Mella qu'on l'a endoctriné, ajoute
que le roi Alphonse veut aller à la guerre avec
les païens contre l'empereur catholique, il jette
de nouvelles semences de guerre civile dans son

malheureux pays ; d'ailleurs, ces mots *guerre civile* ont été écrits en menace dans les journaux carlistes. Et cela éclaire tout : ce n'est pas dans l'intérêt de la religion qu'on répand, pour faire vénérer par les Espagnols « l'ami de Luther », les plus odieux, les plus grotesques des mensonges — car le catholicisme ne vit que de vérité et de propreté d'esprit. Seul l'intérêt d'un parti est en jeu, et d'un parti qui n'a la majorité ni dans l'ensemble de la population ni parmi les catholiques sincères.

Si ces paysans lisaient plusieurs journaux, ils constateraient que Vazquez de Mella a de singuliers alliés dans sa campagne antifrançaise. Nous en avons cité un ; il y en a bien d'autres, tel ce Pio Baroja qui se fait gloire d'être germanophile parce que, dit-il, l'Allemagne détruira le catholicisme. Pio Baroja et le frénétique Barcelonais sont logiques, Vazquez de Mella ne l'est pas.

Nous avons eu l'espoir qu'il était revenu à la raison, en voyant à la vitrine des libraires une brochure nouvelle intitulée : *Le cardinal Mercier et sa célèbre pastorale. Opinion de Juan Vazquez de Mella.* « Enfin! » avons-nous pensé. Du moment que le grand orateur catholique commente la pastorale d'un prince de l'Église, il est impossible que ce soit pour la désapprouver. Or, s'il se range du côté du cardinal Mercier, il n'est plus germanophile. Et nous avons pris l'opuscule.

Hélas! quelle déception! L'opinion de M. Vazquez de Mella ne remplit qu'une page d'une brochure qui en compte soixante-deux; son nom n'a été mis sur la couverture que pour attirer l'acheteur.

Et quelle opinion! Voici d'abord comment elle est annoncée : « Que dit M. Vazquez de Mella du brillant philosophe du malheureux royaume? Dans sa bibliothèque si riche d'œuvres de choix, dans son coin d'intimité du café Suisse, dans le salon de conférences du Congrès, dans tous ces lieux où il n'y a que respect et admiration pour sa parole d'or, le magistral tribun a dit du cardinal Mercier des choses très fines, profondes, d'un charme irrésistible qui, si nous pouvions les reproduire intégralement et bien qu'il leur manquât le trésor singulier du geste et de l'attitude, seraient suffisantes pour constituer le plus remarquable des portraits de l'érudit cardinal. »

M. Vazquez de Mella parle donc du cardinal Mercier chez lui, au Congrès — et même au café : étrange endroit que choisit là le tribun catholique pour entretenir ses disciples, au milieu de l'agréable parfum de la bière et des cigares, du martyre présent d'un peuple catholique et du messianisme prussien ! Au reste, il a bien raison d'aller au café pour traiter de pareilles questions, car ce qu'il dit est si pauvre et si insignifiant que cela ne vaut pas la peine d'être répété. Cependant, l'auteur de la brochure le résume. M. Vazquëz de Mella déclare, paraît-il, qu'il admire le cardinal Mercier parce que c'est un prélat doué de toutes les vertus, un excellent théologien, un bon pasteur pour lequel les Belges ont une vénération immense.

Et c'est tout ; et ce n'est rien.

Ce n'est pas de cela qu'il s'agit, don Juan ! Les vertus, la compétence théologique, l'érudition du cardinal ne sont pas en cause, car personne ne les nie. Si votre ami, « l'ami de Luther », donnait son opinion sur lui, elle ne différerait pas de la vôtre. Il s'agit d'autre chose ; il s'agit du texte de sa pastorale ; il s'agit de la violation de la neutralité belge, du massacre des prêtres de votre religion, des femmes et des enfants, de l'incendie de Louvain. Puisque vous êtes un homme d'honneur, un caballero, puisque vous êtes un catholique, je vous demande la permission de mettre sous vos yeux quelques passages de la lettre pastorale du primat de Belgique ; il me semble impossible que vous les ayez lus :

« A Rome même, j'appris coup sur coup la destruction partielle de la collégiale de Louvain, l'incendie de la bibliothèque et d'installations scientifiques de notre grande université, la dévastation de la ville, les fusillades, les *tortures infligées à des femmes, à des enfants, à des hommes sans défense.* Et tandis que je frémissais encore de ces horreurs, les agences télégraphiques nous annonçaient le bombardement de notre admirable église métropolitaine, de l'église de Notre-Dame au delà la Dyle, du palais épiscopal et de quartiers considérables de notre chère cité malinoise.

«... De nombreuses paroisses furent privées de leur pasteur. J'entends encore l'accent douloureux d'un vieillard, à qui je demandais s'il avait eu la messe, le dimanche, dans son église ébréchée : « Voilà deux mois, me répondit-il, que nous n'avons plus vu de prêtre ». Le curé et le vicaire étaient dans un camp de concentration à Nunsterlagen, non loin de Hanovre.

« ... Des centaines d'innocents furent fusillés ; je ne possède pas au complet ce sinistre nécrologe, mais je sais qu'il y en eut, notamment, quatre-vingt-onze à Aerschot, et, que là, sous la menace de la mort, leurs concitoyens furent contraints de creuser les fosses de sépulture. Dans l'agglomération de Louvain et des communes limitrophes, cent soixante-seize personnes, *hommes* *et femmes, vieillards et nourrissons encore à la mamelle*, riches et pauvres, valides et malades, furent fusillés ou brûlés (*).

« Dans mon diocèse seul, je sais que treize prêtres ou religieux furent mis à mort. L'un deux, le curé de Gelrode, est, selon toute vraisemblance, tombé en martyr. J'ai fait un pèlerinage à sa tombe et, entouré des ouailles qu'il paissait hier encore avec le zèle d'un apôtre, je lui ai demandé de garder du haut du ciel sa paroisse, le diocèse, la patrie.

« ... L'article 7 du traité signé à Londres le 19 avril 1839 par le roi Léopold, au nom de la Belgique, d'une part ; par l'empereur d'Autriche, le roi de France, la reine d'Angleterre, le roi de Prusse, l'empereur de Russie, d'autre part, énonce que « la Belgique formera un État indépendant et perpétuellement neutre et qu'elle sera tenue d'observer cette neutralité envers tous les États » (*).

« De leur côté, les cosignataires du traité « promettent, pour eux et pour leurs successeurs, sous la foi du serment, d'accomplir et d'observer ledit traité en tous ses points et articles, sans y contrevenir ni permettre qu'il y soit contrevenu. »

« La Belgique était engagée d'honneur à défendre son indépendance : elle a tenu sa parole.

« Les autres puissances s'étaient engagées à

respecter et à protéger la neutralité belge : l'Allemagne a violé son serment, l'Angleterre y est fidèle.

« Voilà les faits.

« Les droits de la conscience sont souverains : il eût été indigne de nous de nous retrancher derrière un simulacre de résistance.

« Nous ne regrettons pas notre premier élan, nous en sommes fiers. Ecrivant, à une heure tragique, une page solennelle de notre histoire, nous l'avons voulue sincère et glorieuse.

« ... J'affime sur l'honneur et je suis prêt à déclarer sous la foi du serment que je n'ai pas, jusqu'à présent, rencontré un seul ecclésiastique, séculier ou régulier, qui ait excité la population civile à se servir d'armes contre l'ennemi. Tous, au contraire, ont obéi fidèlement aux instructions épiscopales qu'ils avaient reçues, dès les premiers jours d'août, et qui leur prescrivaient d'user de leur influence morale auprès de nos populations, pour les porter au calme et au respect des règlements militaires ».

Vous ne direz pas, vous catholique, que la plus haute autorité religieuse d'un pays catholique a menti en écrivant cela et le reste qui n'est pas moins atroce. Le cardinal Mercier a dit la vérité.

Et alors, la seule question qui se pose est la

suivante : Restez-vous partisan de l'Allemagne et du messianisme prussien dont Fichte a établi la théorie et dont les conséquences pratiques sont dénoncées avec tant de douleur chrétienne et patriotique, avec une si haute élévation de langage par un prince de l'Eglise ?

Si vous persistez dans votre germanophilie, vous aurez beau dire que le cardinal Mercier est « le modèle des pères spirituels », vous aurez beau aller à la messe et vous approcher fréquemment de la Sainte Table, vous n'en trahirez pas moins, dans un but politique, les intérêts les plus sacrés de la cause de la religion et, sans vous en rendre compte peut-être, vous cesserez d'être un catholique.

Singulière époque que celle où des incroyants lucides et intelligents se rapprochent de la route unique, de *la diritta via*, qui conduit à Rome, tandis que des catholiques, fervents mais empoisonnés par le vent pestilentiel qui souffle d'Allemagne, se perdent dans des landes hérissées d'orties et dans des marécages ! Quelques jours avant la victoire de la Marne, alors que, dans le monde entier on considérait la France comme perdue, le député catalan républicain Corominas écrivait dans un journal de son parti, *El Poble catala*, un article qui est un hymne d'amour à la France, en laquelle il espérait encore malgré tout :

« ... Aujourd'hui, disait-il, les Allemands ne luttent pas contre la Révolution française... Le soldat teuton vit dans un monde peuplé de chimères, plein d'entéléchies philosophiques, sûr qu'il est de l'avenir allemand; il lutte pour la *Critique de la raison pure*. Kant, Fichte et Hegel sont les aigles de ses drapeaux.

« C'est ainsi que les étrangers doivent saisir l'aspect comique de la situation où se trouvent les fanatiques espagnols qui font de l'esprit révolutionnaire l'apanage des alliés de la Russie et de la Serbie, et qui célèbrent comme leur appartenant les victoires des soldats de la *Critique de la raison pure*.

« Si la Prusse luthérienne arrivait de nouveau à vaincre la France, le catholicisme latin serait absorbé et, en son essence, anéanti par le rationalisme teuton. La fureur germanique, qui fut vaincue dans les guerres religieuses des temps déjà modernes, reconstruirait un nouveau Sacré Empire d'Occident.

« ... Pendant que les peuples de l'Ibérie vivent au hasard d'une indolente divagation et qu'ils permettent que l'abjecte crainte de la mort prenne racine dans le cœur de leurs enfants; pendant que les terres d'Italie semblent envahies par des barbares, tellement le « conceptualisme » germanique a enivré et endormi leur science et leur art... oh! France vengeresse! *lutte pour nous tous,* renouvelle en tes terres de la Champagne ta tradition chevaleresque, et détruis la *Critique de la raison pure* avec le glaive latin étincelant! »

Moi, humble laïque qui ne commettrai jamais l'indécence luthérienne de dresser ma conscience comme un juge sans appel en matière de foi, mais qui, avant d'écrire ces pages et afin de me mettre en état de grâce spirituelle et de propreté, ai relu, annoté et médité dix volumes du grand théologien français Bossuet et du grand théologien espagnol Balmes, je prends sans crainte la liberté de déclarer qu'en écrivant cette dernière phrase le député républicain, démocrate et anticlérical Pere Corominas était plus près de la vérité catholique, apostolique et romaine que le député carliste, traditionnaliste et catholique Juan Vazquez de Mella. J'attends un démenti motivé, signé par un évêque espagnol.

Je l'attends en toute tranquillité : je suis certain que je ne le recevrai jamais.

NOTES AU CHAPITRE Ier

I

Luther et les docteurs de Louvain.

Pendant que ce chef des Réformateurs tiroit à sa fin, il devenoit tous les jours plus furieux. Ses thèses contre les Docteurs de Louvain en sont une preuve : et je ne crois pas que ses disciples puissent voir sans honte, jusque dans les dernières années de sa vie, le prodigieux égarement de son esprit. Tantôt il fait le bouffon, mais de la manière du monde la plus plate : il remplit toutes ses thèses de ces misérables équivoques, *vaccullas* au lieu de *facultas, cacolyca Ecclesia* au lieu de *catholica;* parce qu'il trouve dans ces deux mots, *vaccultas* et *cacolyca,* une froide allusion avec les vaches, les méchants et les loups. Pour se moquer de la coutume d'appeler les Docteurs *nos maîtres,* il appelle toujours ceux de Louvain, *nostrolli Magistrolli, bruta Magistrolia;* croyant les rendre fort odieux ou fort méprisables par ces ridicules diminutifs qu'il invente. Quand il veut parler plus sérieusement, il appelle ces docteurs, *de vraies bêtes, des pourceaux, des épicuriens, des païens et des athées, qui ne connoissent d'autre pénitence que celle de Judas et de Saül, qui prennent non de l'Écriture, mais de la doctrine des hommes tout ce qu'ils vomissent;* et il ajoute ce que je n'ose traduire, *quidquid ructant, vomunt et cacant.* C'est ainsi qu'il oublioit toute pudeur, et ne se soucioit pas de s'immoler lui-même à la risée publique, pourvu qu'il poussât tout à l'extrémité contre ses adversaires.

BOSSUET.

(Op. cit. liv VI.)

5

II

Luther et le roi d'Angleterre.

Au reste il s'emporta contre ce prince (Henri VIII) avec une telle violence, que les luthériens eux-mêmes en étoient honteux. Ce n'étoit que des injures atroces et des démentis outrageux à toutes les pages : *c'étoit un fol, un insensé, le plus grossier de tous les pourceaux et de tous les ânes.* Quelquefois il l'apostrophoit d'une manière terrible : *Commencez-vous à rougir, Henri, non plus roi, mais sacrilège?* Melancton, son cher disciple, n'osoit le reprendre, et ne savoit comment l'excuser. On étoit scandalisé, même parmi ses disciples, du mépris outrageux avec lequel il traitoit tout ce que l'univers avoit de plus grand, et de la manière bizarre dont il décidoit sur les dogmes.

BOSSUET.

(*Op. cit.* liv. II.)

III

Les mystiques disciplinés et les autres.

Le catholicisme dit à l'homme : « Ton entendement est très faible et, en beaucoup de choses, a besoin d'un appui et d'un guide. » Le protestantisme lui dit : « La lumière t'environne, marche où tu voudras, tu n'as pas de meilleur guide que toi-même. » Quelle est des deux religions celle qui est d'accord avec les leçons de la plus haute philosophie?

* * *

Le protestantisme en en appelant à l'homme seul en matières religieuses, n'avait que deux moyens de le faire : ou le supposer inspiré du ciel pour la découverte de la vérité, ou assujétir toutes les vérités religieuses à l'examen de la raison : c'est-à-dire ou l'inspiration ou la philosophie. Le fait de soumettre les vérités religieuses au jugement de la raison devait produire tôt ou tard l'indifférence ; et l'inspiration particulière ou l'esprit privé devait engendrer le fanatisme.

****

Rien de plus palpable que la différence qu'il y a sur ce point (l'inspiration) entre les protestants et les catholiques. Chez les deux il y a des personnes qui se prétendent favorisées de visions célestes ; mais avec les visions les protestants deviennent orgueilleux, turbulents, frénétiques, tandis que les catholiques gagnent en humilité et en esprit de paix et d'amour.

BALMES.

(Le Protestantisme comparé au catholicisme,
ch. IV et VII, et note 12 du tome I.)

IV

Catholiques et incroyants contre les barbares.

Le projet de liguer les athées et les catholiques n'est pas une imagination de M. Brunetière, comme on le répète souvent.

La dernière année de sa vie (1857), Auguste Comte députa l'un de ses disciples, Alfred Sabatier, au Gesu de Rome pour y négocier, avec le R. P. Beckx, une alliance entre le positivisme et l'Institut des Jésuites contre le déisme, le protestantisme et les autres formes de l'anarchie moderne « qui entretiennent la société dans un état permanent de fermentation ».

Le Français fut reçu par un dignitaire de l'Ordre qui, dès les premiers mots, perdit le sens de l'entretien, car il prenait Auguste Comte pour Charles Comte, l'économiste. Les interlocuteurs se séparèrent, sans avoir eu contact, sur ces mots d'Alfred Sabatier : « Quand les orages politiques de l'avenir manifesteront toute l'intensité de la crise moderne, vous trouverez les jeunes positivistes prêts à se faire tuer pour vous comme vous êtes prêts à vous laisser massacrer pour Dieu. »

Les choses ont marché depuis 1857. Du côté des Jésuites, mieux renseignés, est sorti un excellent analyste du positivisme : l'Autrichien Gruber. D'autre part, « ces orages politiques de l'avenir » dont parlait Alfred Sabatier, sont devenus comme présents, et la crise intellectuelle semble plus forte de jour en jour. Celle-ci aura bientôt fait de déclasser les « libres penseurs » et les « incroyants » pour les répartir en esprits anarchiques et en esprits politiques, en *barbares* et en *citoyens*. Commentant la démarche de Comte et de Sabatier, le docteur Audiffrend écrivait, il y a peu d'années : « Le positivisme invite ceux qui ne croient plus en Dieu et qui veulent travailler à la régénération de leur espèce à se faire positivistes, et il engage ceux qui y croient à redevenir catholiques. »

Athées positivistes et catholiques théologiques ont là-dessus, au temporel comme au spirituel, de profonds intérêts communs, les intérêts de la tradition et du monde civilisé, menacés d'une dilapidation soudaine en même temps que d'une dégénérescence insensible. S'ils se distribuaient entre ces deux systèmes, l'un et l'autre énergiquement ordonnés, les défenseurs du genre humain auraient vite raison de leur adversaire, l'esprit de l'anarchie mystique. C'est contre cet esprit, ennemi-né des groupements nationaux aussi bien que des combinaisons rationnelles que les deux Frances peuvent se réunir encore. Si

elles ne parviennent à tomber d'accord de ce qui est vrai,
il leur reste à s'entendre sur le bon et l'utile.

Je ne prétends point que cela arrive nécessairement;
mais si cela n'arrive pas, nous sommes perdus.

Charles MAURRAS.

*(Trois idées politiques. Chateaubriand,
Michelet, Sainte-Beuve.)*

NOTES AU CHAPITRE III

I

Premiers épisodes de la guerre sainte.

13 novembre. — Grosse nouvelle : un *fetva* proclame
la guerre sainte contre les Anglais, les Russes, les Français. Une bande de braillards soit-disant Persans a hurlé
sa joie et son union avec les Turcs ; pas d'enthousiasme.

L'autre jour, on a fait le recensement des porcs qui se
trouvaient en élevage dans divers établissements de bienfaisance ou autres, par exemple, chez les Petites Sœurs
des Pauvres. L'enquêteur a été légèrement interloqué
quand on lui a demandé s'il était permis maintenant aux
Musulmans de manger cette chair défendue. Il a bien fallu
avouer que c'était pour nourrir les marins allemands.

17 novembre. — C'est en pleine nuit que l'on a opéré
à Coum-Capou (Stamboul) chez les Pères et les Sœurs
Assomptionnistes ; le premier mouvement a été d'aller à

la caisse et d'y mettre les scellés. A Saint-Benoit et à Sainte-Pulchérie, on a également visité le coffre-fort... La procure des frères des écoles chrétiennes à Galata a été l'objet d'une sollicitude spéciale; c'était un morceau tentant pour les Turcs faméliques.

Il semble que les procédés les plus rudes aient été réservés aux religieuses. S. Exc. M. l'ambassadeur d'Amérique, présent chez les religieuses de Notre-Dame de Sion de Pancaldi (Constantinople), a exigé que le préfet se présentât lui-même pour déclarer ses intentions et a empêché toute violence. Chez les mêmes religieuses à Kadi-Keuï, une enfant a dû emporter sous son manteau à l'église paroissiale le Saint-Ciboire, tandis que la Supérieure cachait sous son vêtement la lunule de l'ostensoir. Là, les religieuses n'ont pu obtenir de faire préparer leur repas.

Plus dur a été le traitement infligé aux Sœurs Franciscaines de l'école Sainte-Elisabeth ; enfermées dans un parloir, elles sont restées là de longues heures, pendant que sur l'ordre des policiers quelques sœurs entassaient dans deux ou trois chambres les objets personnels, linge, etc., en vue d'un départ exécutable dans les quarante-huit heures.

Quelques établissements de bienfaisance ont été aussi molestés ; les orphelinats des sœurs de charité d'où les Turcs voulaient faire partir les enfants, se chargeant, disaient-ils, de celles qui n'auraient pas de famille !...

... Tout le monde s'accorde à dire que jamais les Turcs abandonnés à eux-mêmes n'auraient songé à pareils procédés : on sentait la main allemande...

19 novembre. — Les détails se précisent. A Prinkipo, la police a dépassé toute mesure avec les sœurs de Sainte-Elisabeth, prétendant rester dans le dortoir pour y garder les religieuses, puis les conduisant comme des malfaitrices aux postes de Stamboul...

25 novembre. — Il est 5 heures du matin, les messes s'achèvent, les derniers élèves disent adieu. Quel déchirement !

R. P. BRUNO,

Supérieur des Capucins de Saint-Louis de Péra,
Constantinople.

(Le Correspondant, 10 avril 1915.)

Mission américaine attaquée par les Turcs.

On télégraphie de Djoulfa que le consul de Turquie Rahibbey, à la tête de 70 eskaris, a attaqué la mission américaine d'Ourmia où s'étaient réfugiés 15.000 chrétiens orthodoxes.

Le consul a fait sortir de la mission trois prêtres et deux diacres, qui ont été promenés par les rues et frappés sans pitié, au milieu des insultes.

Il a fait, en outre, dresser un gibet dans la cour de la mission pour y pendre les missionnaires.

M. Allen, missionnaire américain, qui a eu à supporter de mauvais traitements, a pu envoyer deux émissaires à Salmas, chargés de demander l'envoi de troupes russes pour protéger les chrétiens que la mission ne peut plus défendre.

(Le Temps, 23 mars.)

II

Guillaume II philosémite et franc-maçon.

Tour à tour ou simultanément luthérien, catholique et musulman, le Kaiser ne pouvait manquer d'être philosémite et franc-maçon, toujours par intérêt. Dans son intéressant ouvrage *Berlin*, qui est loin d'être un pamphlet contre Guillaume II et l'Allemagne, Jules Huret dessine ces deux nouveaux masques impériaux :

« On croyait que Guillaume II, par l'influence du pasteur Stœcker, serait plus antisémite que ses ancêtres. Le contraire arriva... C'est le premier Hohenzollern qui soit allé chez un juif. Un jour, en effet, Guillaume II s'invita à déjeuner chez James Simmons, dont l'hôtel s'élève dans le Tiergarten. Un autre jour, il invita cinq capitalistes juifs, les deux Rathenau, Friedlænder, Schwabach, James Simmons à goûter ou à souper au Château pour causer avec eux d'aérostation et les « taper » de fortes subventions... »

« Beaucoup d'officiers allemands sont francs-maçons et ne s'en cachent pas, au contraire. Le prince Léopold de Prusse, président d'une loge à Berlin, manifesta un jour son contentement de voir tant d'officiers présents à un convent maçonnique, car, dit-il, l'empereur approuve la maçonnerie. Il faut dire que, comme en Amérique, les francs-maçons ne font pas de politique, elle leur est même rigoureusement interdite ; leur but est la charité, l'égalité, la fraternité ; ils veulent conserver l'essentiel du christianisme, en l'épurant. »

Les officiers allemands ne font pas de politique, c'est entendu. Mais ils « font » de la religion. Ils épurent le christianisme ; l'œuvre de Luther leur paraît insuffisante. En quoi consiste cette épuration, les prêtres et les religieuses de Belgique, de Pologne et du nord-est de la France l'ont appris.

NOTES AU CHAPITRE VII

I

Les carlistes ne sont pas tous antifrançais.

Lettre d'un carliste engagé volontaire dans l'armée française, publiée par l'*Action Française*.

Vendredi Saint, le 2 avril 1915.

Cher ami, je profite de ce moment de repos pour vous écrire cette lettre dans laquelle je vous prie de trouver mes meilleurs souhaits.

Je crois, mon ami, que mon départ d'Espagne pour m'engager dans l'armée française n'a pas été infructueux pour notre cause. Je vous racontais, à Lyon, l'opposition que trop de carlistes faisaient à la cause de la France en cette guerre. Quand je suis parti, le 4 novembre, il ne se trouvait, chez les carlistes, de sympathie publique pour la France que chez le professeur à l'Université de Saragosse, M..., dans quelques articles du *Diario*, de Valence, département..., et dans les articles écrités par... à Barcelone.

Mais mon ami X... et moi, nous avions réussi à nous faire un petit cercle d'amis qui ne cachait pas sa francophilie en même temps qu'il donnait toujours son affirmation carliste. Mais ce n'était pas notre propagande qui réussissait : c'étaient les travaux de Maurras qui avaient gagné ces amis de la France, et vous pouvez toujours dire que ceux qui aiment Maurras aiment la France. Moi parti de l'Espagne, notre groupe s'est défait, mais tous ceux qui le composaient restent attachés à la cause de votre noble pays. Mais un journaliste, M..., a publié un écrit dans *El Correo Español*, à Madrid, en disant que j'avais été arrêté en France et traduit devant un conseil de guerre, mais ma famille a protesté, et le rédacteur en chef du *Correo Catalan* a écrit une lettre rectificative au *Correo Español* qui l'a insérée volontiers. L'affaire est donc arrangée, mais cette impudence a fait plus pour notre cause que tous nos efforts. Aujourd'hui, beaucoup de carlistes qui n'avaient pas montré leur sympathie pour la France en ont témoigné au sujet de mon départ et de cet incident. Mais je vous ai dit que ce qui gagne les batailles, c'est M. Maurras.

Extrait d'un article que nous avons publié dans le même journal :

A l'hôtel où je loge, j'avais pour voisin de table un homme d'une quarantaine d'années, que les traces d'une estocade à la joue me faisaient prendre pour un militaire et qui charmait ses interlocuteurs par l'élégance et la noblesse de son langage. J'écoutais sans prendre part à la conversation. Avant-hier soir, quelques phrases sur la politique intérieure de son pays me firent connaître ses opinions. Bien que je ne lui eusse pas été présenté, j'eus l'audace de l'interpeller :

— Vous êtes carliste, monsieur, c'est-à-dire antifrançais?

— Monsieur, me répondit-il avec une grâce exquise, si j'étais antifrançais je ne vous le dirais pas, par courtoisie envers l'hôte étranger que vous êtes chez nous.

— Oh! Vous pouvez le dire. Je ne vous conteste pas le droit d'être germanophile, bien qu'il soit assez singulier de voir des catholiques fervents souhaiter le triomphe d'un empereur qui a déclaré que la destruction du catholicisme est le but suprême de sa vie...

— Je ne suis pas germanophile. Loin de désirer l'écrasement de votre patrie, je l'aime et je crois en elle. J'aime la France de saint Louis et de Jeanne d'Arc...

— Toujours vivante!

— Renaissante... peut-être. Mais il y a une autre France dont les devoirs de courtoisie déjà invoqués m'empêchent de vous parler.

— Oh! vous pouvez en parler aussi. Mais puisque vous n'êtes pas de nos ennemis, dites-moi, monsieur, je vous en prie : ne considérez-vous pas comme un malhonnête homme le catholique espagnol qui a osé écrire que l'empereur d'Allemagne est un des souverains les plus catholiques du monde et que ses actes sont basés sur les principes et les dogmes — il a écrit : « les dogmes », le malheureux! — de notre sacro-sainte religion?

— Peut-être le croit-il de bonne foi, me répond l'inconnu un peu interloqué.

— Alors c'est un faible d'esprit, et le malhonnête homme est celui qui le lui a fait croire.

— Monsieur, vous savez que la presse, dans tous les pays, n'est plus ce qu'elle était autrefois. En temps de paix et de calme, elle s'abandonne à des exagérations. Comment ne voulez-vous pas qu'elle exagère en des moments où toutes les passions sont surexcitées?

— Un jour peut-être prochain, vos journaux carlistes — qui sont en contradiction avec votre chef — regretteront leur injuste campagne.

— Je le crois. Et non seulement je le crois, mais je le désire. Mais pourquoi écrit-on, en France, que tous les carlistes sont germanophiles? On connaît l'opinion d'une douzaine de journalistes. Que fait-on des autres, des milliers et des milliers qui n'écrivent point? Leur a-t-on demandé ce qu'ils pensent? Avez-vous fait un plébiscite? Alors ne dites point que nous sommes tous vos ennemis.

Je suis touché; c'est mon tour. Je ne puis rien répondre à cette objection.

— Moi germanophile? reprend mon inconnu. Monsieur, je suis le fils d'un des plus fidèles et des meilleurs serviteurs de don Carlos. Après l'échec de notre dernière grande tentative, mon père se réfugia dans le midi de la France comme sur la plus douce des terres d'exil. J'y suis né. Je ne suis pas le seul des carlistes de mon âge né Français.

— Puis-je savoir à qui j'ai l'honneur de parler?

— Le comte de...

Je me lève et me présente. Nous échangeons nos cartes et une poignée de main.

. . . .

II

« Un des plus grands souverains catholiques

du monde. »

Cette phrase se trouve dans une brochure distribuée par les soins de l'ambassade allemande et de l'horloger-propagandiste Coppel, à Madrid. En une chronique publiée par *l'Eclair* de Montpellier, nous avons raconté récemment une visite à la boutique de ce dernier. En voici les principaux passages :

— Pio Baroja, reprend l'employé, est l'homme le plus intelligent de l'Espagne et son plus grand écrivain. Qu'est-ce, à côté de lui, que ce réactionnaire Azorin auquel on fait une réputation en France en ce moment? Baroja a beaucoup étudié le caractère et l'histoire des Allemands, et vous savez ses conclusions.

— Oui, dis-je, il est germanophile parce qu'il est révolutionnaire, anticatholique et même antichrétien. Il compte sur l'Allemagne pour anéantir le catholicisme. Il a raison, cet homme-là, ou du moins il est logique.

— N'est-ce pas? La véritable émancipatrice de la conscience humaine, la plus formidable ennemie de la superstition romaine, ce n'est pas la France, c'est l'Allemagne. Mais on ne peut pas dire ça aux Espagnols qui sont encore bien arriérés, ne vous en déplaise... Aussi, pour les gagner à notre cause il faut employer d'autres moyens. Nous avons toute une collection de brochures pour la propagande auprès des catholiques.

L'employé va vers le fond de la boutique et en revient avec un paquet déjà ficelé qu'il nous remet.

— Voici ce qu'il vous faut, dit-il. Je vous recommande tout particulièrement la brochure sur « l'Alliance franco-espagnole » par le notaire public du site royal de San Lorenzo del Escorial. . . . .

. . . .

Nous parcourons la brochure du notaire de l'Escorial. Elle prouve, au moyen d'arguments puisés dans l'Écriture Sainte, que l'Espagne doit faire alliance avec l'Allemagne. Elle divise les hommes en deux catégories : les catholiques et les païens. « L'Espagne est un peuple catholique par la grâce de Dieu. La France, *d'après ce qu'on dit*, est une nation païenne. Donc une alliance entre ces deux États est logiquement absurde et périlleuse. »

Et l'Allemagne, excellent notaire, ne serait-elle pas, par hasard, luthérienne ? Luther, le protestantisme, cela n'existe pas et n'a jamais existé pour notre notaire. Rien que des catholiques et des païens. Aussi, la conclusion s'impose :

« N'est-il pas plus rationnel et positif que nous fassions alliance avec l'Allemagne, dont l'auguste empereur *est un des souverains les plus catholiques du monde?* »

Et plus loin : « Puisque *c'est des dogmes et des principes de notre sacro-sainte religion* que s'inspire le grand empereur d'Allemagne (que Dieu garde!), pour quelle raison suffisante repousserions-nous l'alliance d'un peuple dont les destins sont dirigés par un si insigne et exemplaire magistrat? »

Et voilà les moyens qu'emploient les Allemands pour plaider leur cause. Luthérien à Berlin, musulman à Stamboul, catholique à l'Escorial, leur empereur (que le diable l'emporte!) doit se faire passer pour anthropophage dans le centre de l'Afrique.

— Je ne crois pas, dis-je à mon ami en conclusion, qu'il existe un catholique espagnol capable d'écrire de pareilles énormités, qui sont presque des sacrilèges. Les Boches ont forcé la note; il y a de l'*hubris* germanique dans cette brochure; il faut être religieusement et intellectuellement teutonisé pour l'avoir écrite. Pour moi, ce notaire n'existe pas ; c'est un pseudonyme de Pio Baroja.

III

La guerre aux femmes et aux églises.

(Aux environs d'Arras) la trêve de Noël, que Benoît XV aurait voulu étendre à toutes les armées belligérantes, fut conclue et loyalement respectée... Mais il n'en fut pas ainsi, hélas! pour l'ensemble des troupes ennemies. On constata, au contraire, sur l'immense développement de leurs lignes, que, pendant la nuit de Noël, à minuit et demi exactement, c'est-à-dire à l'heure où les Allemands pouvaient supposer que les fidèles étaient agenouillés devant la crèche du Fils de Marie, obéissant à un mot d'ordre sacrilège, ils bombardèrent en même temps toutes les églises catholiques qui étaient à la portée de leurs canons. Fort heureusement, l'autorité militaire française, qui avait sans doute ses raisons pour se défier de cette fantaisie sauvage, avait partout interdit la messe de minuit dans les églises situées sur le front : mesure très sage, qui sauva la vie à d'innombrables personnes.

Mais que dut penser le Saint-Père, quand il fut informé de ce nouvel attentat commis, avec préméditation, par les Allemands contre les églises catholiques, et aussi contre des milliers de femmes et d'enfants, en cette fête de la Nativité du Christ? J'imagine qu'alors il apprécia, à leur juste valeur, les sentiments de religion et d'humanité dont les intellectuels d'outre-Rhin ont coutume de faire un si bruyant étalage.

Mgr L. LACROIX.

Le Clergé et la guerre de 1914, 2ᵉ fascicule.)

IV

La violation de la neutralité belge.

Un peuple vivait paisible et pacifique, protégé, semble-t-il, derrière les protocoles de 1831, de 1839, derrière les conventions de la Haye de 1907 que les cinq grandes puissances, France, Angleterre, Russie, Autriche, Allemagne avait solennellement juré d'observer, au bas desquelles elles avaient posé leur signature, garante de leur honneur. Et voilà que, s'abritant derrière de fallacieux prétextes, que le temps, vite, réduisit au néant, l'Allemagne viole la neutralité belge ; et, cette violation, on l'avoue, on s'en fait gloire. C'est M. de Jagow, secrétaire d'État aux affaires étrangères de l'Empire, qui dit au baron Beyens : « Que voulez-vous? C'est une question de vie ou de mort pour l'Empire. » Et au Reichstag, M. de Bethmann Hollweg, le 4 août, énonce ces principes : « Messieurs, nous nous trouvons en état de légitime défense et nécessité ne connaît pas de lois. Nos troupes ont occupé Luxembourg et ont, peut-être, déjà pénétré en Belgique. Cela est en contradiction ãvec le droit des gens... L'injustice que nous commettons de cette façon, nous la réparerons dès que notre but militaire aura été atteint. A celui qui est menacé au point où nous le sommes et qui lutte pour son bien suprême, il n'est permis que de songer au moyen de se dégager. »

L'aveu est formel : c'est sans droit que l'Allemagne a envahi la Belgique. Plus tard, quand le gouvernement allemand verra le retard qu'apporte à l'ensemble des opérations l'héroïque sursaut de là Belgique s'immolant à l'honneur, il feindra de croire que ce pays avait partie liée avec l'Angleterre. Une visite de l'attaché militaire anglais au chef d'état-major général fournira le prétexte ; mais il faudra recourir à une altération de texte pour étayer ces preuves fléchissantes, et la *Gazette de l'Allemagne du Nord*, lisant *conversation,* sur le rapport Ducarne traduira par *convention.*

(Adresse de l'Association catholique de la Jeunesse française aux jeunesses catholiques des nations alliées et neutres.)

Paris. — Imp. Paul Dupont (Cl.).. — 343.5.15.

BLOUD et GAY, Éditeurs, 7, place Saint-Sulpice, Paris-6e

" PAGES ACTUELLES "

Nouvelle Collection de volumes in=16. Prix : 0.60

Nº 1. **Le Soldat de 1914. — Le Salut aux Chefs,**
  par René Doumic, de l'Académie Française.

Nº 2. **Les Femmes et la Guerre de 1914,**
  par Frédéric Masson, de l'Académie Française.

Nº 3. **La Neutralité de la Belgique,** par Henri Welschinger, de
  l'Académie des Sciences morales et politiques.

Nº 4. **Du XVIIIe Siècle à l'Année sublime,** par Étienne Lamy,
  Secrétaire perpétuel de l'Académie Française.

Nº 5. **Rectitude et perversion du Sens national,** par Camille Jullian,
  de l'Institut, Professeur au Collège de France.

Nº 6. **L'Héroïque Serbie,** par Henri Lorin, Professeur à la Faculté
  des Lettres de Bordeaux.

Nº 7. *Contre l'Esprit Allemand.* **De Kant à Krupp,** par Léon Daudet.

Nº 8. **Patriotisme et Endurance,**
  par S. Em. le Cardinal Mercier, Archevêque de Malines.

Nº 9. **L'Armée du Crime,** par Vindex, d'après le Rapport officiel
  de la Commission française d'enquête.

Nº 10. **La Cathédrale de Reims,** par Emile Mâle.

Nº 11. **Le Général Joffre,** par G. Blanchon.

Nº 12. **Le Martyre du Clergé Belge,** par A. Mélot, Député de Namur.

Nº 13. **Confiance, Prière, Espoir,**
  Lettres sur la Guerre, par S. G. Mgr Mignot, Archevêque d'Albi.

Nº 14. *Contre l'Esprit Allemand.* **Mesures d'Après=Guerre,**
  par Léon Daudet.

Nº 15. **La Basilique dévastée,** par Vindex.

Nº 16. **Le Général Gallieni,** par G. Blanchon.

Nº 17. **Les Leçons du Livre Jaune (1914),** par Henri Welschinger.

Nº 18. **La Signification de la Guerre,**
  par H. Bergson, de l'Académie Française.

Nº 19. **La Belgique en Terre d'Asile,** par H. Carton de Wiart,
  Ministre de la Justice en Belgique.

Nº 20. **Les Sous=Marins,** par le lieutenant de vaisseau G. Blanchon.

Nº 21. **Les Procédés de Guerre des Allemands en Belgique,** par
  Henri Davignon.

Nº 22. **Le Roi Albert,** par Pierre Nothomb.

Nº 23. **En Guerre,** *Impressions d'un Témoin,* par F. de Brinon.

Nº 24. **Les Zeppelins,** par G. Besançon, Secrétaire général de l'Aéro-
  Club de France. *Illustré.*

Nº 25. **La France au-dessus de Tout,** *Lettres de Combattants,* rassem-
  blées par Raoul Narsy.

Paris. — Imp. Paul Dupont (Cl.). 343 *bis* 5.1915